Tucholsky   Wagner   Zola   Scott   Sydow   Freud   Schlegel
Turgenev   Wallace   Fonatne
Twain   Walther von der Vogelweide   Fouqué   Friedrich II. von Preußen
Weber   Freiligrath
Fechner   Fichte   Weiße Rose   von Fallersleben   Kant   Ernst   Frey
Richthofen   Frommel
Engels   Fielding   Hölderlin
Fehrs   Faber   Flaubert   Eichendorff   Tacitus   Dumas
Eliasberg   Ebner Eschenbach
Feuerbach   Maximilian I. von Habsburg   Fock   Zweig
Ewald   Eliot   Vergil
Goethe   Elisabeth von Österreich   London
Mendelssohn   Balzac   Shakespeare   Dostojewski   Ganghofer
Lichtenberg   Rathenau   Doyle
Trackl   Stevenson   Gjellerup
Tolstoi   Hambruch
Mommsen   Lenz   Droste-Hülshoff
Thoma   Hanrieder
Dach   Verne   von Arnim   Hägele   Hauff   Humboldt
Reuter   Rousseau   Hagen   Hauptmann   Gautier
Karrillon   Garschin   Defoe   Baudelaire
Damaschke   Descartes   Hebbel
Hegel   Kussmaul   Herder
Wolfram von Eschenbach   Dickens   Schopenhauer   Rilke   George
Darwin   Melville   Grimm Jerome
Bronner   Campe   Horváth   Aristoteles   Bebel   Proust
Bismarck   Vigny   Voltaire   Federer   Herodot
Gengenbach   Barlach   Heine
Storm   Casanova   Tersteegen   Grillparzer   Georgy
Chamberlain   Lessing   Langbein   Gilm   Gryphius
Brentano   Lafontaine
Strachwitz   Claudius   Schiller   Kralik   Iffland   Sokrates
Katharina II. von Rußland   Bellamy   Schilling
Gerstäcker   Raabe   Gibbon   Tschechow
Löns   Hesse   Hoffmann   Gogol   Wilde   Gleim   Vulpius
Luthor   Heym   Hofmannsthal   Klee   Hölty   Morgenstern
Roth   Heyse   Klopstock   Kleist   Goedicke
Luxemburg   Puschkin   Homer   Mörike   Musil
La Roche   Horaz
Machiavelli   Kierkegaard   Kraft   Kraus
Navarra   Aurel   Musset   Moltke
Nestroy   Marie de France   Lamprecht   Kind   Kirchhoff   Hugo
Laotse   Ipsen   Liebknecht
Nietzsche   Nansen   Ringelnatz
Marx   Lassalle   Gorki   Klett
Luther   Leibniz
von Ossietzky   May   vom Stein   Lawrence   Irving
Petalozzi   Platon   Knigge
Sachs   Pückler   Michelangelo   Kafka
Poe   Liebermann   Kock
de Sade   Praetorius   Mistral   Zetkin   Korolenko

Die Augsburgische Konfession

Philipp Melanchthon

Impressum

Autor: Philipp Melanchthon
Umschlagkonzept: toepferschumann, Berlin

Verlag: tradition GmbH, Hamburg
ISBN: 978-3-8424-1334-4
Printed in Germany

Der I. Artikel: Von Gott

Erstlich wird einträchtiglich gelehret und gehalten, laut des Beschluß concilii Nicaeni, daß ein einig göttlich Wesen sei, welches genannt wird und wahrhaftiglich ist Gott, und seind doch drei Personen in demselben einigen göttlichen Wesen, gleich gewaltig, gleich ewig, ohne Stück, ohne End, unermeß- licher Macht, Weisheit und Güte, ein Schöpfer und Erhalter aller sichtbaren und unsichtbaren Ding. Und wird durch das Wort Persona nicht verstanden ein Stück, nicht ein Eigenschaft in einem anderen, sondern das selbst bestehet wie denn die Väter in dieser Sachen dies Wort gebraucht haben.

Derhalben werden verworfen alle Ketzereien, so diesem Artikel zuwider seind, als Manichäi, die zween Götter gesetzt haben, ein bosen und ein guten, item Valentiniani, Ariani, Eunomiani, Mahometisten und alle dergleichen, auch Samosateni, alte und neue, so nur ein Person setzen und von diesen zweien, Wort und heilig Geist, Sophisterei machen und sagen, daß es nicht müssen unterschiedene Personen sein, sondern Wort bedeut leiblich Wort oder Stimm, und der heilig Geist sei erschaffene Regung in Kreaturen.

Der II. Artikel: Von der Erbsünde

Weiter wird bei uns gelehret, daß nach Adams Fall alle Menschen, so natürlich geboren werden, in Sünden empfangen und geboren werden, das ist, daß sie alle von Mutterleibe an voller böser Lust und Neigung sind und keine wahre Gottesfurcht, kein wahren Glauben an Gott, von Natur haben können: daß auch dieselbige angeborene Seuche und Erbsünde wahrhaftiglich Sünde sei, und verdamme alle die unter ewigen Zorn Gottes, so nicht durch die Taufe und heiligen Geist wiederum neu geborn werden.

Hieneben werden verworfen die Pelagianer und andere, so die Erbsund nicht für Sund halten, damit sie die Natur fromm machen durch naturlich Kräft, zu Schmach dem Leiden und Verdienst Christi.

Der III. Artikel: Von dem Sohne Gottes

Item, es wird gelehret, daß Gott der Sohn sei Mensch worden, geboren aus der reinen Jungfrauen Maria, und daß die zwo Naturen, göttliche und menschliche, in einer Person, also unzertrennlich vereinigt, ein Christus sind, welcher wahr Gott und wahr Mensch ist, wahrhaftig geboren, gelitten, gekreuziget, gestorben und begraben, daß er ein Opfer wäre, nicht allein für die Erbsünde, sondern auch für alle andere Sünde, und Gottes Zorn versühnete.

Item daß derselbige Christus sei abgestiegen zur Hölle, wahrhaftig am dritten Tage von den Toten auferstanden, aufgefahren gen Himmel, sitzend zur Rechten Gottes, daß er ewig herrsche über alle Kreaturen und regiere, daß er alle, so an ihn glauben, durch den heiligen Geist heilige, reinige, stärke und tröste, ihnen auch Leben und allerlei Gaben und Güter austeile und wider den Teufel und wider die Sünde schütze und beschirme.

Item, daß derselbige Herr Christus endlich wird öffentlich kommen, zu richten die Lebendigen und die Toten, etc. laut des Symboli Apostolorum.

Der IV. Artikel: Von der Rechtfertigung

Weiter wird gelehret, daß wir Vergebung der Sünden und Gerechtigkeit für Gott nit erlangen mügen durch unser Verdienst, Werk und Gnugtun, sondern daß wir Vergebung der Sünden bekommen und vor Gott gerecht werden aus Gnaden um Christus willen durch den Glauben, so wir gläuben, daß Christus für uns gelitten hat, und daß uns um seinet- willen die Sünde vergeben, Gerechtigkeit und ewiges Leben geschenkt wird. Denn diesen Glauben will Gott für Gerechtigkeit vor ihm halten und zurechnen, wie St. Paulus sagt zun Römern am 3. und 4..

Der V. Artikel: Vom Predigtamt

Solchen Glauben zu erlangen hat Gott das Predigtamt eingesetzt, Evangelium und Sacrament gegeben, dadurch er, als durch Mittel, den heiligen Geist gibt, welcher den Glauben, wo und wann er will, in denen, so das Evangelium hören, wirket, welches da lehret, daß wir durch Christus Verdienst, nicht durch unser Verdienst, einen gnädigen Gott haben, so wir solches gläuben.

Und werden verdammt die Wiedertaufer und andere, so lehren, daß wir ohn das leiblich Wort des Evangelii den heiligen Geist durch eigene Bereitung, Gedanken und Werk erlangen.

Der VI. Artikel: Vom neuen Gehorsam

Auch wird gelehret, daß solcher Glaub gute Früchte und gute Werke bringen soll, und daß man müsse gute Werke tun, allerlei, so Gott geboten hat, um Gottes willen, doch nicht auf solche Werk zu vertrauen, dadurch Gnade vor Gott zu verdienen. Denn wir empfahen Vergebung der Sünde und Gerechtigkeit durch den Glauben an Christum, wie Christus selbst spricht Luk. 17: So ihr dies alles getan habt, sollt ihr sprechen: wir sind untüchtige Knechte. Also lehren auch die Väter. Denn Ambrosius spricht: Also ists beschlossen bei Gott, daß, wer an Christum gläubt, selig sei und nicht durch Werk, sondern allein durch den Glauben Verdienst Vergebung der Sünden habe.

Der VII. Artikel: Von der Kirche

Es wird auch gelehret, daß alle Zeit müsse eine heilige christliche Kirche sein und bleiben, welche ist die Versammlung aller Gläubigen, bei welchen das Evangelium rein gepredigt und die heilige Sacrament laut des Evangelii gereicht werden.

Denn dieses ist genug zu wahrer Einigkeit der christlichen Kirchen, daß da einträchtiglich nach reinem Verstand das Evangelium gepredigt und die Sacrament dem göttlichen Wort gemäß gereicht werden. Und ist nicht Not zu wahrer Einigkeit der christlichen Kirchen, daß allenthalben gleichförmige Ceremonien, von den Menschen eingesetzt, gehalten werden, wie Paulus spricht Ephes 4: Ein Leib, ein Geist, wie ihr berufen seid zu einerlei Hoffnung eures Berufs, ein Herr, ein Glaub, ein Taufe.

Der VIII. Artikel: Was die Kirche sei

Item, wiewohl die christliche Kirche eigentlich nicht anders ist dann die Versammlung aller Gläubigen und Heiligen, jedoch dieweil in diesem Leben viel falscher Christen und Heuchler, auch offentlicher Sünder unter den Frommen bleiben, so sind die Sakrament gleichwohl kräftig, obschon die Priester, dadurch sie gereicht werden, nicht fromm sind, wie dann Christus selbs anzeigt: Auf dem Stuhl Moysi sitzen die Pharisäer etc.

Derhalben werden die Donatisten und alle andere verdammt, so anderst halten.

Der IX. Artikel: Von der Taufe

Von der Taufe wird gelehret, daß sie nötig sei und daß dadurch Gnade angeboten werde, daß man auch die Kinder täufen soll, welche durch solche Tauf Gott überantwort und gefällig werden.

Derhalben werden die Wiedertaufer verworfen, welche lehren, daß die Kindertauf nicht recht sei.

Der X. Artikel: Vom heiligen Abendmahl

Vom Abendmahl des Herrn wird also gelehret, daß wahrer Leib und Blut Christi wahrhaftiglich unter der Gestalt des Brots und des Weins im Abendmahl gegenwärtig sei und da ausgeteilt und genommen wird. Derhalben wird auch die Gegenlehr verworfen.

Der XI. Artikel: Von der Beichte

Von der Beichte wird also gelehrt, daß man in der Kirche privat-am absolutionem erhalten und nicht fallen lassen soll, wiewohl in der Beicht nicht not ist, alle Missetat und Sünden zu erzählen, dieweil doch solches nicht muglich ist. Psalm 19,13: Wer kennt die Missetat?

Der XII. Artikel: Von der Buße

Von der Buße wird gelehret, daß diejenigen, so nach der Taufe gesündigt haben, zu aller Zeit, so sie zur Buße kommen, mögen Vergebung der Sünden erlangen, und ihnen die Absolution von der Kirche nicht soll geweigert werden. Und ist wahre rechte Buße eigentlich Reu und Leid oder Schrecken haben über die Sünde, und doch daneben gläuben an das Evangelium und Absolution, daß die Sünde vergeben und durch Christum Gnad erworben sei, welcher Glaube wiederum das Herz tröstet und zufrieden macht. Darnach soll auch Besserung folgen, und daß man von Sünden lasse; denn dies sollen die Früchte der Buße sein wie Johannes spricht Matth.3: Wirket rechtschaffene Frucht der Buß.

Hie werden verworfen die, so lehren, daß diejenigen, so einst seind fromm worden, nicht wieder fallen mugen.

Dagegen auch verden verdammt die Novatiani, welche die Absolution denen, so nach der Tauf gesündigt hatten, weigerten.

Auch werden die verworfen, so nicht lehren, daß man durch Glauben Vergebung der Sünde erlange, sondern durch unser Genugtun.

Der XIII. Artikel: Vom Gebrauch der Sacramente

Vom Brauch der Sacramenten wird gelehret, daß die Sacrament eingesetzt sind nicht allein darum, daß sie Zeichen sein, dabei man äußerlich die Christen kennen möge, sondern daß es Zeichen und Zeugnis sind göttliches Willens gegen uns, unsern Glauben dadurch zu erwecken und zu stärken, derhalben sie auch Glauben fordern und dann recht gebraucht werden, so mans im Glauben empfängt und den Glauben dadurch stärket.

Der XIV. Artikel: Vom Kirchen-Regiment

Vom Kirchen-Regiment wird gelehret, daß niemand in der Kirchen öffentlich lehren oder predigen, oder Sacrament reichen soll ohne ordentlichen Beruf.

Der XV. Artikel: Von Kirchen-Ordnungen

Von Kirchen-Ordnungen, von Menschen gemacht, lehret man diejenigen halten, so ohne Sünde mügen gehalten werden und zu Frieden, zu guter Ordnung in der Kirchen dienen, als gewisse Feier, Feste und dergleichen. Doch geschieht Unterricht dabi, daß man die Gewissen nicht damit beschweren soll; als sei solch Ding nötig zur Seligkeit.

Darüber wird gelehret, daß alle Satzungen und tradition, von Menschen dazu gemacht, daß man dadurch Gott versühne und Gnad verdiene, dem Evangelio und der Lehre vom Glauben an Christum entgegen seind; derhalben sein Klostergelübde und andere Tradition von Unterschied der Speise, Tag usw., dadurch man vermeint Gnade zu verdienen und für Sünde gnug zu tun, untüchtig und wider das Evangelium.

Der XVI. Artikel: Von der Polizei und weltlichem Regiment

Von Polizei und weltlichem Regiment wird gelehrt, daß alle Oberkeit in der Welt und geornete Regiment und Gesetze gut Ordnung von Gott geschaffen und eingesetzt sind, und daß Christen mögen in Oberkeit-, Fürsten- und Richter-Amt ohne Sünde sein, nach kaiserlichen und anderen üblichen Rechten Urteil und Recht sprechen, Uebeltäter mit dem Schwert strafen, rechte Kriege führen, streiten, käufen und verkäufen, aufgelegte Eide tun, eigens haben, ehrlich sein etc.

Hie werden diejenigen verdammt, so lehren, daß christliche Vollkommenheit sei, Haus und Hof, Weib und Kind, leiblich verlassen und sich der vorberührten Stück [ent]äußern; so doch dies allein rechte Vollkommenheit ist: rechte Furcht Gottes und rechter Glaube an Gott.

Denn das Evangelium lehret nicht ein äußerlich, zeitlich, sondern innerlich, ewig Wesen und Gerechtigkeit des Herzens und stößt nicht um weltlich Regiment, Polizei und Ehestand, sondern will, daß man solches alles halte als wahrhaftige Ordnung, und in solchen Ständen christliche Liebe und rechte gute Werke, ein jeder nach seinem Beruf, beweise.

Derhalben sind die Christen schuldig, der Oberkeit untertan und ihren Geboten gehorsam zu sein in allem, so ohne Sünde geschehen mag. Denn so der Oberkeit Gebot ohn Sünde nicht geschehen mag, soll man Gott mehr gehorsam sein denn den Menschen. Actuum 5.

Der XVII. Artikel: Von der Wiederkunft Christi zum Gericht

Auch wird gelehret, daß unser Herr Jesus Christus am jüngsten Tage kommen wird zu richten, und alle Toten auferwecken, den Gläubigen und Auserwählten ewiges Leben und ewige Freude geben, die gottlosen Menschen aber und die Teufel in die Hölle und ewige Strafe verdammen.

Derhalben werden die Wiedertaufer verworfen, so lehren, daß die Teufel und verdammte Menschen nicht ewige Pein noch Qual haben werden.

Item, werden hie verworfen auch etlich judisch Lehren, die sich auch itzund eräugen, daß vor der Auferstehung der Toten eitel Heilige, Fromme ein weltlich Reich haben und alle Gottlosen vertilgen werden.

Der XVIII. Artikel: Vom freien Willen

Vom freien Willen wird gelehret, daß der Mensch etlichermaßen einen freien Willen hat, äußerlich ehrbar zu leben und zu wählen unter denen Dingen, so die Vernunft begreift; aber ohne Gnad, Hilfe und Wirkung des heiligen Geistes vermag der Mensch nicht Gott gefällig werden, Gott herzlich zu fürchten oder zu gläuben, oder die angeborne böse Lust aus dem Herzen zu werfen; sondern solchs geschieht durch den heiligen Geist, welcher durch Gottes Wort gegeben wird. Dann Paulus spricht 1. Korinth. 2: Der naturlich Mensch vernimmt nichts vom Geist Gottes.

Und damit man erkennen muge, daß hierin kein Neuigkeit gelehret wird, so seind das die klaren Worte Augustini vom freien Willen, die beigeschrieben aus dem dritten Buch Hypognosticon: Wir bekennen, daß in allen Menschen ein freier Will ist; denn sie haben je alle naturlich angeborn Verstand und Vernunft, nicht daß sie etwas vermugen mit Gott zu handeln, als: Gott von Herzen zu lieben, zu fürchten, sonder allein in Werken dieses Lebens haben sie Freiheit, Gutes oder Böses zu wählen. Gut meine ich, das die Natur vermag, als auf dem Acker zu arbeiten oder nicht, zu essen, zu trinken, zu einem Freund zu gehen oder nicht, ein Kleid an- oder auszutun, zu bauen, ein Handwerk zu treiben und dergleichen etwas Nutzlichs und Guts zu tun. Welches alles doch ohne Gott nicht ist noch bestehet, sonder alles aus ihme und durch ihne ist. Dagegen kann der Mensch auch Böses aus eigner Wahl vornehmen, als vor einem Abgott niederzuknieen, einen Totschlag zu tun etc.

Der XIX. Artikel: Von Ursach der Sünden

Von Ursach der Sünden wird bei uns gelehret, daß, wiewohl Gott der Allmächtige die ganze Natur geschaffen hat und erhält, so wirket doch der verkehrte Wille die Sünde in allen Bösen und Verächtern Gottes, wie denn des Teufels Wille ist und aller Gottlosen, welcher alsbald, so Gott die Hand abgetan, sich von Gott zum argen gewandt hat, wie Christus spricht #Joh 8:44 . Der Teufel redet Lügen aus seinem eigen.

Der XX. Artikel: Vom Glauben und guten Werken

Den Unsern wird mit Unwahrheit aufgelegt, daß sie gute Werke verbieten. Denn ihre Schriften von Zehen Geboten und andere beweisen, daß sie von rechten christlichen Ständen und Werken guten nützlichen Bericht und Ermahnung getan haben, davon man vor dieser Zeit wenig gelehret hat, sondern allermeist in allen Predigten auf kindische, unnötige Werke, als Rosenkränze, Heiligen-Dienst, Mönchewerden, Wallfahrten, gesatzte Fasten, Feier, Brüderschaften usw. getrieben. Solche unnotige Werke ruhmt auch unser Widerpart nu nicht mehr so hoch als vorzeiten. Darzu haben sie auch gelernet, nu vom Glauben zu reden, davon sie doch in Vorzeiten gar nichts geprediget haben; lehren dannoch nu, daß wir nicht allein aus Werken gerecht werden fur Gott, sondern setzen den Glauben an Christum darzu, sprechen, Glauben und Werk machen uns gerecht fur Gott; welche Rede etwas mehr Trosts bringen mag, dann so man allein lehret auf Werk zu vertrauen.

Dieweil nu die Lehr vom Glauben, die das Häuptstück ist in christlichem Wesen, so lange Zeit, wie man bekennen muß, nicht getrieben worden, sondern allein Werkslehre an allen Orten gepredigt, ist davon durch die Unsern solcher Unterricht geschehen: Erstlich, daß uns unsere Werk nicht mögen mit Gott versöhnen und Gnade erwerben, sondern solchs geschieht allein durch den Glauben, so man gläubt, daß uns um Christus willen die Sünde vergeben werden, welcher allein der Mittler ist, den Vater zu versöhnen. Wer nu vermeint solchs durch Werk auszurichten und Gnade zu verdienen, der verachtet Christum und sucht ein eigen Weg zu Gott wider das Evangelium.

Diese Lehre vom Glauben ist offentlich und klar im Paulo an vielen Orten gehandelt, sonderlich zun Ephesern 2: Aus Gnaden seid ihr selig worden durch den Glauben, und dasselbig nicht aus euch, sondern es ist Gottes Gab, nicht aus Werken, damit sich niemands ruhme etc.

Und daß hierin kein neuer Verstand eingefuhrt sei, kann man aus Augustino beweisen, der diese Sache fleißig handelt und auch also lehret, daß wir durch den Glauben an Christum Gnad erlangen und fur Gott gerecht werden, und nicht durch Werk, wie sein ganz Buch De spiritu et litera ausweiset.

Wiewohl nun diese Lehre bei unversuchten Leuten sehr veracht wird, so befindet sich doch, daß sie den bloden und erschrockenen Gewissen sehr trostlich und heilsam ist. Das Gewissen kann nicht zu Ruhe und Frieden kommen durch Werk, sondern allein durch Glauben, so es bei sich gewißlich schleußt, daß es um Christus willen einen gnädigen Gott hab, wie auch Paulus spricht Rom. 5.: So wir durch den Glauben sind gerecht worden, haben wir Ruhe und Frieden vor Gott. Diesen Trost hat man vorzeiten nicht getrieben in Predigten, sonder die armen Gewissen auf eigne Werk trieben, und sind mancherlei Werk furgenommen.

Etliche hat das Gewissen in die Klöster gejagt, der Hoffnung daselbst Gnade zu erwerben durch Klosterleben, etliche haben andere Werk erdacht, damit Gnade zu verdienen und für Sünde genug zu tun. Derselbigen viel haben erfahren, daß man dadurch nicht ist zu Frieden kommen. Darum ist not gewesen diese Lehr vom Glauben an Christum zu predigen und fleißig zu treiben, daß man wisse, daß man allein durch den Glauben, ohn Verdienst, Gottes Gnade ergreifet. Es geschieht auch Unterricht, daß man hie nicht von solchem Glauben redet, den auch die Teufel und Gottlosen haben, die auch die Historien glauben, daß Christus gelitten hab und auferstanden sei von Toten, sonder man redet von wahrem Glauben, der da glaubet, daß wir durch Christum Gnad und Vergebung der Sunde erlangen. Und der nun weiß, daß er einen gnädigen Gott durch Christum hat, kennet also Gott, rufet ihn an und ist nicht ohn Gott wie die Heiden. Dann Teufel und Gottlosen glauben diesen Artikel, Vergebung der Sunde, nicht; darum seind sie Gott feind, konnen ihne nicht anrufen, nichts Guts von ihme hoffen. Und also, wie jetzt angezeigt ist, redet die Schrift vom Glauben, und heißet nicht Glauben ein solches Wissen, das Teufel und gottlose Menschen haben. Dann also wird vom Glauben gelehret ad Hebraeos am 11., daß Glauben sei nicht allein die Historien wissen, sonder Zuversicht haben zu Gott, seine Zusag zu empfahen. Und Augustinus erinnert uns auch, daß wir das Wort Glauben in der Schrift verstehen sollen, daß es heiße Zuversicht zu Gott, daß er uns gnädig sei, und heiße nicht allein solche Historien wissen, wie auch die Teufel wissen.

Ferner wird gelehrt, daß gute Werk sollen und müssen geschehen, nicht daß man darauf vertraue, Gnade damit zu verdienen, sondern um Gottes willen und Gott zu Lob. Der Glaub ergreift allzeit allein Gnad und Vergebung der Sünde. Und dieweil durch den Glauben der heilige Geist gegeben wird, so wird auch das Herz geschickt gute Werk zu tun. Dann zuvorn, dieweil es ohn den heiligen Geist ist, so ist es zu schwach; darzu ist es ins Teufel Gewalt, der die arme menschliche Natur zu viel Sunden treibet, wie wir sehen in den Philosophen, welche sich unterstanden, ehrlich und unsträflich zu leben, haben aber dannoch solches nicht ausgericht, sonder seind in viel große offentliche Sunde gefallen. Also gehet es mit dem Menschen, so er außer dem rechten Glauben ohn den heiligen Geist ist und sich allein durch eigne menschliche Kraft regieret.

Derhalben ist die Lehr vom Glauben nicht zu schelten, daß sie gute Werk verbiete; sondern vielmehr zu rühmen, daß sie lehre gute Werk zu tun, und Hilf anbiete, wie man zu guten Werken kommen möge. Denn außer dem Glauben und außerhalt Christo ist menschliche Natur und Vermögen viel zu schwach gute Werk zu tun, Gott anzurufen, Geduld zu haben im Leiden, den Nächsten zu lieben, befohlene Ämter fleißig auszurichten, gehorsam zu sein, böse Lust zu meiden. Solche hohe und rechte Werk mögen nicht geschehen ohne die Hilf Christi, wie er selbst spricht Joh. 15: Ohne mich könnt ihr nichts tun.

Der XXI. Artikel: Vom Dienst der Heiligen

Vom Heiligendienst wird von den Unsern also gelehrt, daß man der Heiligen gedenken soll, auf daß wir unsern Glauben stärken, so wir sehen, wie ihnen Gnade wiederfahren, auch wie ihnen durch Glauben geholfen ist; dazu daß man Exempel nehme von ihren guten Werken, ein jeder nach seinem Beruf, gleichwie Kaiserliche Majestät seliglich und gottlich dem Exempel Davids folgen mag, Krieg wider den Turken zu fuhren; denn beide sind sie in koniglichem Amt, welches Schutz und Schirm ihrer Untertanen fordert.

Durch Schrift aber mag man nicht beweisen, daß man die Heiligen anrufen, oder Hilf bei ihnen suchen soll. Denn es ist allein ein einiger Versühner und Mittler gesetzt zwischen Gott und den Menschen, Jesus Christus, 1.Timoth.2, welcher ist der einige Heiland, der einig oberst Priester, Gnadenstuhl und Fursprech fur Gott, Rom. 8. Und der hat allein zugesagt, daß er unser Gebet erhoren welle. Das ist auch der hochste Gottesdienst nach der Schrift, daß man denselbigen Jesum Christum in allen Noten und Anliegen von Herzen suche und anrufe: So jemand sundiget, haben wir einen Fursprecher bei Gott, der gerecht ist, Jesum etc.

Beschluß des 1. Teils

Dies ist fast die Summe der Lehre, welche in unseren Kirchen zu rechtem christlichen Unterricht und Trost der Gewissen, auch zu Besserung der Glaubigen gepredigt und gelehret ist; wie wir dann unsere eigene Seelen und Gewissen je nicht gern wollten fur Gott mit Mißbrauch gottlichen Namens oder Wortes in die hochste große Gefahr setzen oder auf unsere Kinder und Nachkommen eine andere Lehre, dann so dem reinen gottlichen Wort und christlicher Wahrheit gemäß, fällen oder erben. So dann dieselbige in heiliger Schrift klar gegrundet und darzu gemeiner christlichen, ja auch romischer Kirchen, so viel aus der Väter Schriften zu vermerken, nicht zuwider noch entgegen ist, so achten wir auch, unsere Widersacher konnen in obangezeigten Artikeln nicht uneinig mit uns sein. Derhalben handeln diejenigen ganz unfreundlich, geschwind und wider alle christliche Einigkeit und Lieb, so die Unseren derhalben als Ketzer abzusondern, zu verwerfen und zu meiden, ihnen selbst ohne einigen beständigen Grund gottlicher Gebot oder Schrift vornehmen.

Dann die Irrung und Zank ist vornehmlich über etlichen Traditionen und Mißbräuchen. So denn nun an den Hauptartikeln kein befindlicher Ungrund oder Mangel, und dies unser Bekenntnis gottlich und christlich ist, sollten sich billig die Bischofe, wann schon bei uns der Tradition halben ein Mangel wäre, gelinder erzeigen, wiewohl wir verhoffen, beständigen Grund und Ursach darzutun, warumb bei uns etliche Tradition und Mißbräuch geändert seind.

Der XXII. Artikel: Von beider Gestalt des Sacraments

Den Laien wird bei uns beide Gestalt des Sacraments gereicht aus dieser Ursach, daß dies ein klarer Befehl und Gebot Christi, Matth. 26: Trinket alle daraus. Da gebeut Christus mit klaren Worten von dem Kelch, daß sie alle daraus trinken sollen.

Und damit niemand diese Worte anfechten und glossieren kann, als gehore es den Priestern allein zu, so zeiget Paulus 1. Kor. 11 an, daß die ganze Versammlung der Korintherkirchen beide Gestalten gebraucht hat. Und dieser Brauch ist lange Zeit in der Kirchen blieben, wie man durch die Historien und der Väter Schriften beweisen kann. Cyprianus gedenket an viel Orten, daß den Laien der Kelch die Zeit gereicht sei. So spricht Sankt Hieronymus, daß die Priester, so das Sakrament reichen, dem Volk das Blut Christi austeilen. So gebeut Gelasius der Papst selbst, daß man das Sakrament nicht teilen soll. Distinct.2. De consecratione cap. Comperimus. Man findet auch nindert keinen Canon, der da gebiete, allein ein Gestalt zu nehmen. Es kann auch niemand wissen, wenn oder durch welche diese Gewohnheit, ein Gestalt zu nehmen, eingeführt ist, wiewohl der Kardinal Cujanus gedenkt, wenn diese Weise approbiert ist. Nun ist offentlich, daß solche Gewohnheit, wider Gottes Gebot, auch wider die alten Canones eingeführt, unrecht ist. Derhalben hat sich nicht gebuhret, , derjenigen Gewissen, so das heilige Sakrament nach Christus Einsetzung zu gebrauchen begehrt haben, zu beschweren, und zwingen, wider unseres Herrn Christi Ordnung zu handeln.

Und dieweil die Teilung des Sacraments der Einsetzung Christi entgegen ist, wird auch bei uns die gewöhnliche Prozession mit dem Sacrament unterlassen.

Der XXIII. Artikel: Vom Ehestand der Priester

Es ist bei jedermann, hohes und niedem Stands, eine große mächtig Klag in der Welt gewesen von großer Unzucht und wildem Wesen und Leben der Priester, so nicht vermochten, Keuschheit zu halten, und war auch je mit solchen greulichen Lastern aufs hochst kommen. So viel häßlichs groß Ärgernus, Ehebruch und andere Unzucht zu vermeiden, haben sich etlich Priester bei uns in ehelichen Stand begeben. Dieselben zeigen diese Ursache an, daß sie dahin gedrungen und bewegt seind aus hoher Not ihrer Gewissen, nachdem die Schrift klar meldet, der eheliche Stand sei von Gott dem Herrn eingesetzt, Unzucht zu vermeiden, wie Paulus sagt: «Die Unzucht zu vermeiden habe ein itzlicher sein eigen Eheweib»; item: «Es ist besser, ehelich werden denn brennen.» Und nachdem Christus sagt Matth. 19: «Sie fassen nicht alle das Wort», da zeigt Christus an, welcher wohl gewußt, was am Menschen sei, daß wenig Leute die Gabe, keusch zu leben, haben.

«Denn Gott hat den Menschen Männlein und Fräulein geschaffen.», Genesis 1. Ob es nun in menschlicher Macht oder Vermugen sei, ohne sondere Gab und Gnad Gottes, durch eigen Furnehmen oder Gelubd, Gottes, der hochen Majestat, Geschopf besser zu machen oder zu ändern, hatt die Erfahrung allzu klar gegeben. Denn was guts, was ehrbar, zuchtigs Leben, was christlichs, ehrlichs oder redlichs Wandels an vielen daraus erfolget, wie greulich, schrecklich Unruhe und Qual ihrer Gewissen viel an ihrem letzten End derhalben gehabt, ist am Tag, und ihrer viel haben es selbs bekannt. So dann Gottes Wort und Gebot durch kein menschlich Gelubd oder Gesetz mag geändert werden, haben aus diesen und anderen Ursachen und Grunden die Priester und andere Geistliche Eheweiber genommen.

So ist es auch aus den Historien und der Väter Schriften zu beweisen, daß in der christlichen Kirchen vor Alters der Gebrauch gewesen, daß die Priester und Diakon Eheweiber gehabt. Darumb sagt Paulus 1. Tim. 3: «Es soll ein Bischof unsträflich sein, eins Weibs Mann.» Es sind auch in teutschen Landen erst vor vierhundert Jahren die Priester zum Gelubd der Keuschheit vom Ehestand mit Gewalt abgetrungen, welche sich dagegen sämbtlich, auch so ganz ernstlich und hart gesetzet haben, daß ein Erzbischof zu Mainz, welcher das bäpstliche neu Edikt derhalben verkundigt, gar nahe in einer Emporung der ganzen Priesterschaft in einem Gedräng wäre umbbracht. Und dasselbige Verbot ist bald im Anfange so geschwind und unschicklich furgenummen, daß der Bapst die Zeit nicht allein die kunftige Ehe den Priestern verboten, sondern auch derjenigen Ehe, so schon in dem Stand lang gesene, zurrissen, welchs doch nicht allein wider alle gottliche, naturliche und weltliche Recht, sonder auch den Canonibus, so die Bäpste selbs gemacht, und den beruhmbtesten Conciliis ganz entgegen und wider ist.

Auch ist bei viel hohen, gottfurchtigen, verständigen Leuten dergleichen Rede und Bedenken oft gehört, daß solcher gedrungener Cölibat und Beraubung des Ehestandes, welchen Gott selbs eingesetzt und frei gelassen, nie kein Guts, sondern viel großer böser Laster und viel Arges eingefuhrt hab.

Es hat auch einer von Bäpsten, Pius II., selbst, wie seine Histori anzeiget, diese Worte oft geredt und von sich schreiben lassen: es muge wohl etlich Ursach haben, warum den Geistlichen die Ehe verboten sei; es habe aber viel hoher, großer und wichtiger Ursachen, warumb man ihnen die Ehe soll wieder frei lassen. Ungezweifelt, es hat Bapst Pius als ein verständiger, weiser Mann dies Wort aus großem Bedenken geredt.

Derhalben wollen wir uns in Untertänigkeit zu Kaiserlicher Majestat vertrösten, daß ihre Majestat als ein christlicer hochloblicher Kaiser gnädiglich beherzigen werden, daß itzung in letzten Zeiten und Tagen, von welchen die Schrift meldet, die Welt immer ärger und die Menschen gebrechlicher und schwächer werden.

Derhalben wohl hochnötig, nutzlich und christlich ist, diese fleißige Einsehung zu tun, damit, wo der Ehestand verboten, nicht ärger und schändlicher Unzucht und Laster in teutschen Landen möchten einreißen. Dann es wird je diese Sachen niemands weislicher oder besser ändern oder machen kunnen dann Gott selbs, welcher den Ehestand, menschlicher Gebrechlichkeit zu helfen und Unzucht zu wehren, eingesatzt hat.

So sagen die alten Canones auch, man muß zu Zeiten die Schärfe und rigorem lindern und nachlassen, umb menschlicher Schwachheit willen und Ärgers zu verhüten und zu meiden. Nu wäre das in diesem Falle auch wohl christlich und ganz hoch vonnoten.

Was kann auch der Priester und Geistlichen Ehestand gemeiner christlichen Kirchen nachteilig sein, sonderlich der Pfarrer und anderer, die der Kirche dienen sollen? Es wird wohl kunftig an Priestern und Pfarrern mangeln, so dies hart Verbot des Ehestands länger währen sollt.

So nu dieses, nämlich daß die Priester und Geistlichen mögen ehelich werden, gegründet ist auf das göttliche Wort und Gebot, dazu die Historien beweisen, daß die Priester ehelich gewesen, so auch das Gelubd der Keuschheit so viel häßliche, unchristliche Ärgernus, so viel Ehebruch, schreckliche, ungehorte Unzucht und greuliche Laster hat angericht, daß auch etliche redliche unter den Tumbherrn, auch etlich Kurtisan zu Rom, solchs oft selbs bekannt und kläglich angezogen, wie solch Laster in clero zu greulich und ubermacht, Gottes Zorn wurd erregt werden, so ists je erbärmlich, daß man den christlichen Ehestand nicht allein verboten, sondern an etlichen Orten aufs geschwindest, wie um groß Uebeltat, zu strafen unterstanden hat, so doch Gott in der heiligen Schrift den Ehestand in allen Ehren zu haben geboten hat.

So ist auch der Ehestand in kaiserlichen Rechten und in allen Monarchien, wo je Gesetze und Rechte gewesen, hoch gelobet. Allein dieser Zeit beginnet man die Leute unschuldig, allein umb der Ehe willen, zu martern, und darzu Priester, der man vor anderen schonen sollt, und geschicht nicht allein wider gottlich Recht, sondern auch wider die Canones. Paulus der Apostel 1. Timoth. 4 nennet die Lehre, so die Ehe verbieten, Teufelslehre. So sagt Christus selbs Johann. 8., der Teufel sei ein Morder von Anbeginn, welchs dann wohl zusammenstimmet, daß es freilich Teufelslehre sein mussen, die Ehe verbieten und sich unterstehen, solche Lehre mit Blutvergießen zu erhalten.

Wie aber kein menschlich Gesetz Gottes Gebot kann wegtun oder ändern, also kann auch kein Gelübde Gottes Gebot ändern. Darum gibt auch Sanctus Cyprianus den Rat, daß die Weiber, so die gelobte Keuschheit nicht halten, sollen ehelich werden, und sagt Epist. 11 also: «So sie aber Keuschheit nicht halten wellen oder nicht vermugen, so ists besser, daß sie ehelich werden, dann daß sie durch ihre

Lust ins Feur fallen, und sollen sich wohl fursehen, daß sie den Brüdern und Schwestern kein Ärgernus anrichten.»

Zudem, so brauchen auch alle Canones großer Gelindigkeit und Äquität, gegen diejenigen, so in der Jugend Gelubd getan, wie dann Priester und Mönche des mehrernteils in der Jugend in solchen Stand aus Unwissenheit kummen seind.

Der XXIV. Artikel: Von der Messe

Man legt den Unsern mit Unrecht auf, daß sie die Messe sollen abgetan haben. Denn das ist öffentlich, daß die Meß, ohne Ruhm zu reden, bei uns mit größer Andacht und Ernst gehalten wird, denn bei den Widersachern. So werden auch die Leute mit höchstem Fleiß zum öftern mal unterrichtet vom heiligen Sacrament, wozu es eingesetzt und wie es zu gebrauchen sei, als nämlich die erschrocken Gewissen damit zu trösten, dadurch das Volk zur Kommunion und Meß gezogen wird. Dabei geschieht auch Unterricht wider andere unrechte Lehre vom Sacrament. So ist auch in den offentlichen Ceremonien der Messe keine merklich Änderung geschehen, dann daß an etlichen Orten teutsch Gesänge, das Volk damit zu lehren und zu üben, neben lateinischem Gesang gesungen werden, sintemal alle Ceremonien furnehmlich darzu dienen sollen, daß das Volk davon lerne, was ihm zu wissen von Christo not ist.

Nachdem aber die Messe auf mancherlei Weise vor dieser Zeit mißbraucht, wie am Tag ist, daß ein Jahrmarkt daraus gemacht, daß man sie kauft und verkauft hat und daß mehrer Teil in allen Kirchen um Geldes willen gehalten worden, ist solcher Mißbrauch zu mehrmalen, auch vor dieser Zeit, von gelehrten und frommen Leuten gestraft worden. Als nun die Prediger bei uns davon geprediget und die Priester erinnert seind der schrecklichen Betrauung, so dann billig einen jeden Christen bewegen soll, daß, wer das Sakrament unwürdiglich braucht, der sei schuldig am Leibe und Blut Christi: darauf seind solche Kaufmeß und Winkelmeß, welche bis anher aus Zwang um Geldes und der Prähenden willen gehalten worden, in unseren Kirchen gefallen.

Darbei ist auch der greulich Irrtumb gestraft, daß man gelehret hat, unser Herr Christus hab durch seinen Tod allein fur die Erbsund gnuggetan und die Messe eingesetzt zu einem Opfer fur die anderen Sunde, und also die Messe zu einem Opfer gemacht für die Lebendigen und Toten, dadurch Sund wegzunehmen und Gott zu versuhnen. Daraus ist weiter gefolget, daß man disputiert hat, ob ein Meß, für viel gehalten, als viel verdiene, als so man fur ein itzlichen ein sonderliche hielte. Daher ist die große unzählig Menge der Messen kummen, daß man mit diesem Werk hat wollen bei Gott alles erlangen, das man bedurft hat, und ist darneben des Glaubens an Christum und rechten Gottesdiensts vergessen worden.

Darumb ist davon Unterricht geschehen, wie ohne Zweifel die Not gefordert, daß man wüßte, wie das Sacrament recht zu gebrauchen wäre. Und erstlich, daß kein Opfer für Erbsünde und andere Sünde sei denn der einige Tod Christi, zeigt die Schrift an vielen Orten an. Denn also stehet geschrieben zun Hebräern, daß sich Christus einmal geopfert hat und dadurch für alle Sünde genug getan. Es ist gar eine unerhorte Neuigkeit in der Kirchenlehren, daß Christus Tod solle allein fur die Erbsund und sonst nicht auch fur andere Sunde gnug getan haben; derhalben zu hoffen, daß männiglich verstehe, daß solcher Irrtumb nicht unbillig gestraft sei.

Zum anderen lehret S. Paulus, daß wir für Gott Gnad erlangen durch Glauben und nicht durch Werk. Dawider ist öffentlich dieser Mißbrauch der Meß, so man vermeinet durch dieses Werk Gnad zu erlangen, wie man denn weiß, daß man die Meß darzu gebraucht dadurch Sünd abzulegen und Gnad und alle Güter bei Gott zu erlangen, nicht allein der Priester für sich, sondern auch für die ganze Welt und für andere, Lebendige und Tote.

Zum dritten, so ist das heilige Sacrament eingesetzt nicht damit für die Sünd ein Opfer anzurichten (denn das Opfer ist zuvor geschehen), sondern daß unser Glaube dadurch erweckt und die Gewissen getröstet werden, welche durchs Sacrament erinnert werden, daß ihnen Gnad und Vergebung der Sünde von Christo zugesagt ist. Derhalben fordert dies Sacrament Glauben und wird ohne Glauben vergeblich gebraucht. Dieweil nu die Meß nicht ein Opfer ist für andere, Lebendige oder Tote, ihre Sünd wegzunehmen, sondern soll ein Kommunion sein, da der Priester und andere das Sacrament empfahen für sich; so wird diese Weise bei uns gehalten, daß man an Feiertagen, auch sonst so Kommunikanten da sind, Meß hält und etliche, so das begehren, kommuniziert.

Also bleibt die Meß bei uns in ihrem rechten Brauch, wie sie vorzeiten in der Kirchen gehalten, wie man beweisen mag aus S. Paul 1. Korinth. 11., darzu auch aus vieler Väter Schriften. Dann Chrysostomus spricht, wie der Priester täglich stehe und fordere etliche zur Kommunion, etlichen verbiete er, hinzu zu treten. Auch zeigen die alten Canones an, daß einer das Amt gehalten und hat die anderen Priester und Diakonen kommuniziert. Dann also lauten die Worte im canone Nicaeno: Die Diakonen sollen nach den Priestern ordentlich das Sakrament empfahen vom Bischof oder Priester.

So man nun keine Neuigkeit hierin, die in der Kirchen vor Alters nicht gewesen, furgenommen hat, auch in den offentlichen Ceremonien der Messen kein merklich Anderung geschehen, allein daß die anderen unnotigen Messen, etwa durch einen Mißbrauch gehalten neben der Pfarrmeß, gefallen seind; soll billig diese Weise, Messe zu halten, nicht für ketzerisch und unchristlich verdammet werden. Dann man hat vorzeiten auch in den großen Kirchen, da viel Volks gewesen, auch auf die Tage, so das Volk zusammen kam, nicht täglich Meß gehalten, wie Tripartita Historia lib. 9 anzeiget, daß man zu Alexandria am Mittwoch und Freitag die Schrift gelesen und ausgelet habe, und sonst alle Gottesdienste gehalten ohne die Messe.

Der XXV. Artikel: Von der Beicht

Die Beicht ist durch die Prediger dieses Teils nicht abgetan. Dann diese Gewohnheit wird bei uns gehalten, das Sakrament nicht zu reichen denen, so nicht zuvor verhort und absolviert seind. Darbei wird das Volk fleißig unterrichtet, wie trostlich das Wort der Absolution sei, wie hoch und teuer die Absolution zu achten. Dann es sei nicht des gegenwärtigen Menschen Stimme oder Wort, sondern Gottes Wort, der die Sunde vergibt. Dann sie wird an Gottes Stadt und aus Gottes Befehl gesprochen. Von diesem Befehl und Gewalt der Schlussel, wie trostlich, wie notig sie sei dem erschrockenen Gewissen, wird mit großem Fleiß gelehret; darzu, wie Gott forder, dieser Absolution zu glauben, nicht weniger, denn so Gottes Stimme vom Himmel erschulle, und uns der Absolution frohlich trosten und wissen, daß wir durch solchen Glauben Vergebung der Sunde erlangen.

Von diesen notigen Stucken haben vorzeiten die Prediger, so von der Beicht viel lehreten, nicht ein Wortlein geruhrt, sondern allein die Gewissen mit langer Erzählung der Sunden, mit Genugtun, mit Ablaß, mit Wallfahrten und dergleichen gemartert. Und viel unser Widersacher bekennen selbs, daß dieses Teils von rechter christlicher Buß schicklicher dann zuvor in langer Zeit geschrieben und gehandelt sei.

Und wird von der Beicht also gelehret, daß man niemand dringen soll, die Sünde namhaftig zu erzählen. Dann solchs ist unmuglich, wie der Psalm spricht: «Wer kennet die Missetat?» Und Jeremias sagt: «Des Menschen Herz ist so arg, daß man's nicht auslernen kann.» Die elend menschliche Kreatur steckt also tief in Sunden, daß sie dieselben nicht alle sehen oder kennen kann, und sollten wir allein von denen absolviert werden, die wir zählen konnen, wäre uns wenig geholfen. Derhalben ist nicht not, die Leute zu dringen, die Sünde namhaftig zu erzählen. Also haben's auch die Väter gehalten, wie man findet Dist. I. de poenitentia, da die Worte Chrysostomi angezogen werden: «Ich sage nicht, daß du dich selbs sollt offentlich dargeben noch bei einem anderen dich selbst verklagen oder schuldig geben, sonder gehorch dem Propheten, welcher spricht: Offenbare dem Herrn deine Wege. Derhalben beichte Gott dem Herrn, dem wahrhaftigen Richter, neben deinem Gebet; nicht sage deine Sunde mit der Zungen, sonder in deinem Gewissen». Hie siehet man klar, daß Chrysotomus nicht zwinget, die Sunde namhaftig zu erzählen. So lehret auch die Glossa in Decretis, de poenitentia, Dist. 5., daß die Beicht von wegen der Absolution, welche das Hauptstuck und das Furnehmbst darin ist, zu Trost der erschrockenen Gewissen dazu umb etliche anderer ursachen willen, zu erhalten sei.

Der XXVI. Artikel: Vom Unterschied der Speise

Vor Zeiten hat man also gelehret, gepredigt und geschrieben, daß Unterschied der Speisen und dergleichen Tradition, von Menschen eingesetzt, dazu dienen, daß man dadurch Gnad verdiene und für die Sünde genugtue. Aus diesem Grund hat man täglich neue Fasten, neue Cermonien, neue Orden und dergleichen erdacht und auf solches heftig und hart getrieben, als seien solche Dinge notige Gottesdienst, dardurch man Gnad vordien, so man's halte, und große Sünde geschehe, so man's nicht halte. Daraus sind viel schädlicher Irrtumb in der Kirchen gefolget.

Erstlich ist dadurch die Gnad Christi und die Lehre vom Glauben verdunkelt, welche uns das Evangelium mit großem Ernst furhält, und treibet hart darauf, daß man den Verdienst Christi hoch und teuer achte und wisse, daß Glauben an Christum hoch und weit über alle Werk zu setzen sei. Derhalben hat Sankt Paulus heftig wider das Gesetz Moysi und menschliche Traditionen gefochten, daß wir lernen sollen, daß wir fur Gott nicht fromb werden aus unseren Werken, sondern allein durch den Glauben an Christum, daß wir umb Christus willen Gnade erlangen. Solche Lehr ist schier ganz verloschen, dardurch, daß man hat gelehret, Gnad zu verdienen mit gesatzten Fasten, Unterschied der Speis, Kleidern etc.

Zum anderen haben auch solche Traditionen Gottes Gebot verdunkelt; denn man setzt diese Traditionen weit über Gottes Gebot. Dies hielt man allein fur christlich Leben: wer die Feier also hielte, also betet, also fastet, also gekleidet wäre, das nennete man geistlich, christlich Leben. Daneben hielt man andere notige gute Werk fur ein weltlich, ungeistlich Wesen, nämlich diese, so jeder nach seinem Beruf zu tun schuldig ist, als daß der Hausvater arbeite, Weib und Kind zu nähren und zu Gottesforcht aufzuziehen, die Hausmutter Kinder gebieret und wartet ihr, ein Furst und Oberkeit Land und Leut regiert etc. Solche Werk, von Gott geboten, mußten ein weltliches und unvollkommenes Wesen sein; aber die Traditiones mußten den prächtigen Namen haben, daß sie allein heilige, vollkommene Werke hießen. Derhalben war kein Maß noch End, solch Traditiones zu machen.

Zum dritten, solche Traditionen sind zu hoher Beschwerung der Gewissen geraten. Denn es war nicht muglich, alle Traditionen zu halten, und waren doch die Leute der Meinung, als wäre solches ein nötiger Gottesdienst, und schreibt Gerson, daß viel hiermit in Verzweiflung gefallen, etlich haben sich auch selbs umbbracht, derhalben daß sie kein Trost von der Gnad Christi gehört haben. Dann man siehet bei den Summisten und Theologen, wie die Gewissen verwirrt, welche sich unterstanden haben, die Traditiones zusammenzuziehen, und Äquität gesucht, daß sie den Gewissen hulfen, haben so viel damit zu tun gehabt, daß dieweil alle heilsame christliche Lehre von notigen Sachen, als vom Glauben, von Trost in hochen Anfechtungen und dergleichen darnieder gelegen ist. Daruber haben auch viel frommer, gelehrter Leut vor dieser Zeit sehr geklagt, daß solche Traditiones viel Zanks in der Kirche anrichten, und daß fromme Leute damit verhindert, zur rechten Erkanntnus Christi nicht kommen mochten. Gerson und etliche meher haben heftig darüber geklaget. Ja, es hat auch Augustino mißfallen, daß man die Gewissen mit so viel Traditionibus beschwert. Derhalben er dabei Unterricht gibt, daß man's nicht fur notig Ding halten soll.

Darumb haben die Unsern nicht aus Frevel oder Verachtung geistlichs Gewalts von diesen Sachen gelehret, sonder es hat die hoche Not gefordert, von obangezeigten Irrtumben Unterricht zu tun, welche aus Mißverstand der Tradition gewachsen sein. Dann das Evangelium zwingt, daß man die Lehre vom Glauben soll und müsse in der Kirchen treiben, welche doch nicht mag verstanden werden, so man vermeint, durch eigene gewählte Werke Gnad zu verdienen.

Und ist davon also gelehret, daß man durch Haltung gedachter menschlicher Tradition nicht kann Gnad verdienen oder Gott versuhnen oder fur die Sund genugtun. Und soll derhalben kein notiger Gottsdienst daraus gemacht werden. Dazu wird Ursach aus der Schrift angezogen. Christus Matth. 15 entschuldigt die Apostel, da sie gewohnliche Traditiones nicht gehalten haben, und spricht dabei: «Sie ehren mich vergeblich mit Menschengeboten.» So er nun dies ein vergeblichen Dienst nennet, muß er nicht notig sein. Und bald hernach: «Was zum Munde eingehet, verunreinigt den Menschen nicht.» Item Paulus spricht Röm. 14: «Das Himmelreich stehet nicht in Speis oder Trank.» Kol. 2: «Niemand soll euch richten in

Speis, Trank, Sabbat etc.» Actuum 15 spricht Petrus: «Warumb versucht ihr Gott mit Auflegung des Jochs auf der Junger Hälse, welches weder unsere Väter noch wir haben mugen tragen? Sonder wir glauben durch die Gnad unsers Herren Jesu Christi selig zu werden, gleicherweis wie auch sie.» Da verbeut Petrus, daß man die Gewissen nicht beschweren soll mit mehr äußerlichen Ceremonien, es sei Moysi oder ander. Und 1. Timoth. 4 werden solche Verbot, als Speis verbieten, Ehe verbieten etc. Teufelslehre genannt. Denn dies ist stracks dem Evangelio entgegen, solche Werk einsetzen oder tun, daß man damit Vergebung der Sünde verdiene, oder als möge niemand Christ sein ohn solchen Dienst.

Daß man aber den Unsern die Schuld gibt, als verbieten sie Kasteiung und Zucht wie Jovinianus, wird sich viel anders aus ihren Schriften befinden. Dann sie haben allzeit gelehret vom heiligen Kreuz, daß Christen zu leiden schuldig seind, und dieses ist rechte, ernstliche und nicht erdichte Kasteiung.

Daneben wird auch gelehret, daß ein jeglicher schuldig ist, sich mit leiblicher Ubung, als Fasten und ander Arbeit, also zu halten, daß er nicht Ursach zu Sunden gebe, nicht daß er mit solchen Werken Gnad verdiene. Diese leibliche Übung soll nicht allein etliche bestimbte Tage, sondern stetigs getrieben werden. Davon redet Christus Luk.21: «Hütet euch, daß euer Herzen nicht beschwrt werden mit Fullerei.» Item: «Die Teufel werden nicht ausgeworfen dann durch Fasten und Gebet.» Und Paulus spricht, er kasteie seinen Leib und bringe ihn zu Gehorsam; damit er anzeigt, daß Kasteiung dienen soll, nicht damit gnad zu verdienen, sonder den Leib geschickt zu halten, daß er nicht verhindere, was einem iglichen nach seinem Beruf zu schaffen befohlen ist. Und wird also nicht das Fasten verworfen, sondern daß man ein notigen Dienst daraus auf bestimbte Tag und Speise, zu Verwirrung der Gewissen, gemacht hat.

Auch werden dieses Teils viel Ceremonien und Tradition gehalten, als Ordnung der Messe und andere Gesäng, Feste etc., welche darzu dienen, daß in der Kirchen Ordnung gehalten werde. Daneben aber wird das Volk unterrichtet, daß solcher äußerlicher Gottesdienst nicht fromb mache vor Gott, und daß man ohn Beschwerung des Gewissens halten soll, also daß, so man es nachläßt ohne

Ärgernus, nicht daran gesundigt wird. Diese Freiheit in äußerlichen Ceremonien haben auch die alten Väter gehalten. Dann in Orient hat man das Osterfest auf andere Zeit dann zu Rom gehalten. Und da etliche diese Ungleichheit für eine Trennung in der Kirche halten wollten, sind sie vermahnet von anderen, daß nicht not, in solchen Gewohnheiten Gleichheit zu halten. Und spricht Irenaeus also: «Ungleichheit im Fasten trennet nicht die Einigkeit des Glaubens»; wie auch Dist. 12. von solcher Ungleichheit in menschlichen Ordnungen geschrieben, daß sie der Einigkeit der Christenheit nicht zuwider sei. Und Tripartita, Hist. lib.9, zeucht zusammen viel ungleicher Kirchengewohnheit und setzet ein nutzlichen christlichen Spruch: «Der Apostel Meinung ist nicht gewesen, Feiertag einzusetzen, sonder Glaub und Lieb zu lehren.»

Der XXVII. Artikel: Von Klostergelübden

Von Klostergelübden zu reden, ist not, erstlich, zu bedenken, wie es bis anher damit gehalten, welch Wesen in Klostern gewesen, und daß sehr viel darin täglich nicht allein wider Gottes Wort, sondern auch bäpstlichen Rechten zuentgangen gehandelt ist. Denn zu Sankt Augustini Zeiten sind Klosterständ frei gewesen; folgend, da die rechte Zucht und Lehre zerruttet, hat man Klostergelubd erdacht und damit eben als mit einem erdachten Gefängnus die Zucht wiederumb aufrichten wellen.

Uber das hat man neben den Klostergelubden viel ander Stück mehr auf- bracht, und mit solchen Banden und Beschwerden ihr viel, auch vor gebuhrenden Jahren beladen.

So seind auch viel Personen aus Unwissenheit zu solchem Klosterleben kummen, welche, wiewohl sie sunst nicht zu jung gewesen, haben doch ihr Vermugen nicht gnugsam ermessen noch verstanden. Dieselben alle, also verstrickt und verwickelt, seind gezwungen und gedrungen gewesen, in solchen Banden zu bleiben, ungeachtet des, daß auch bapstlich Recht ihr viel frei gibt. Und das ist beschwerlicher gewesen in Jungfrauklöstern dann Monichklostern, so sich doch geziemet hätte, der Weibsbilder als der Schwachen zu verschonen.

Dieselb Strenge und Härtigkeit hat auch viel frommen Leuten in Vorzeiten mißfallen; dann sie haben wohl gesehen, daß beide, Knaben und Maidlein, umb Unterhaltung willen des Leibs, in die Kloster versteckt seind worden. Sie haben auch wohl gesehen, wie ubel dasselb Furnehmen geraten ist, was Ärgernus, was Beschwerung der Gewissen es grbracht, und haben viel Leut geklagt, daß man in solcher fahrlicher Sache die Canones so gar nicht geachtet. Zudem so hat man eine solche Meinung von den Klostergelubden, die unverborgen auch viel Menschen ubel gefallen hat, die wenig einen Verstand gehabt.

Dann sie gaben für, daß Klostergelübde der Tauf gleich wären, und daß man mit dem Klosterleben Vergebung der Sünde und Rechtfertigung vor Gott verdienet. Ja sie setzen noch mehr darzu, daß man mit dem Klosterleben verdient nicht allein Gerechtigkeit und Frombkeit, sonder auch, daß man damit hielte die Gebote und Räte, im Evangelio verfaßt, und wurden also die Klostergelubde hocher gepreiset dann die Tauf; item daß man mehr verdienet mit dem Klosterleben dann mit allen anderen Ständen, so von Gott geordnet seind, als Pfarrer- und Predigerstand, Obrigkeit-, Fursten-, Herrenstand und dergleichen, die alle nach Gottes Gebot, Wort und Befehl ihrem Beruf ohn erdichte Geistlichkeit dienen, wie dann dieser Stuck keins mag verneint werden; dann man findet's in ihren eigen Buchern.

Uber das, wer also gefangen und ins Kloster kommen, lernet wenig von Christo. Etwa hätt man Schulen der heiligen Schrift und anderer Kunste, so der christlichen Kirchen dienstlich seind, in den Klöstern, daß man aus den Klostern Pfarrer und Bischofe genummen hat. Jetzt aber hat's viel eine andere Gestalt. Denn vorzeiten kamen sie zusammen der Meinung im Klosterleben, daß man die Schrift lernet. Itzt geben sie vor, das Klosterleben sei ein solch Wesen, daß man Gottes Gnade und Frommkeit vor Gott damit verdiene, ja es sei ein Stand der Vollkommenheit; und setzens den anderen Ständen, so von Gott eingesetzt, weit vor. Das alles wird darumb angezogen ohn alle Verunglimpfung, damit man je dester daß vernehmen und verstehen muge, was und wie die Unseren lehren und predigen.

Erstlich lehren sie bei uns von denen, die zur Ehe greifen, also: daß alle die, so zum ledigen Stand nicht geschickt sind, Macht, Sieg und Recht haben, sich zu verehelichen. Denn die Gelübde vermögen nicht Gottes Ordnung und Gebot aufzuheben. Nun lautet Gottes Gebot also 1. Kor.7: «Umb der Hurerei willen hab ein itzlicher sein eigen Weib, und eine itzliche hab ihren eigenen Mann.» Dazu dringet, zwinget und treibet nicht allein Gottes Gebot, sondern auch Gotts Geschopf und Ordnung alle die zum Ehestand, die ohn sonder Gotteswerk mit der Gabe der Jungfrauschaft nicht begnadet seind, lauts dieses Spruches Gottes selbst, Gen.2: «Es ist nicht gut, daß der Mensch allein sei; wir wollen ihme ein Gehilfen machen, der umb ihne sei.»

Was mag man nun dawider aufbringen? Man ruhme das Gelubd und die Pflicht, wie hoch man welle, man mutz es auf als hoch, als man kann, so mag man dannoch nicht erzwingen, daß Gottes Gebot dardurch aufgehaben werde. Die Doctores sagen, daß die Gelubd auch wider des Bapsts Recht unbundig sind; wie viel weniger sollen sie dann binden, Statt und Kraft haben wider Gottes Gebot!

Wo die Pflicht der Gelubd kein anderen Ursachen hätte, daß sie möchte aufgehaben werden, so hätten die Bäpst auch nicht darwider dispensiert und erlaubt. Dann es gebuhret keinem Menschen, die Pflicht, so aus gottlichen Rechten herwächst, zu zerreißen. Darum haben die Bäpste wohl bedacht, daß in dieser Pflicht ein Äguität soll gebraucht werden, und haben zum offernmal dispensiert, als mit einem Kunig von Aragon und vielen anderen. So man nun zu Erhaltung zeitlicher Dinge dispensiert hat, soll viel billiger dispensiert werden um Notdurft willen der Seelen.

Folgend, warum treibt der Gegenteil so hart, daß man die Gelubd halten muß, und siehet nicht an zuvor, ob das Gelubd seine Art hab? Dann das Gelübd soll in muglichen Sachen willig und ungezwungen sein. Wie aber die ewige Keuschheit in des Menschen Gewalt und Vermügen stehe, weiß man wohl; auch seind wenig, beide Mannes- und Weibespersonen, die von ihnen selbst, willig und wohl bedacht, das Klostergelübde getan haben. Ehe sie zum rechten Verstand kommen, so überredet man sie zum Klostergelübde, zuweilen werden sie auch dazu gezwungen und gedrungen. Darum ist es je nicht billig, daß man so schwind und hart von der Gelübde Pflicht disputiere, angesehen, daß sie alle bekennen, daß solches wider die Natur und Art des Gelübdes ist, daß es nicht williglich und mit gutem Rat und Bedacht gelobt wird.

Etlich Canones und bäpstliche Recht zurreißen die Gelubd, die unter funfzehen Jahren geschehen sein. Dann sie haltens dafur, daß man vor derselben Zeit so viel Verstands nicht hat, daß man die Ordnung des ganzen Lebens, wie dasselb anzustellen, beschließen konne. Ein ander Kanon gibt der menschlichen Schwachheit noch mehr Jahre zu; dann er verbeut, das Klostergelubd unter achtzehn Jahren zu tun. Daraus hat der meiste Teil Entschuldigung und Ursach, aus den Klostern zu gehen; dann sie des mehrern Teils in der Kindheit vor diesen Jahren in Kloster kummen seind.

Endlich, wenn gleich die Verbrechung des Klostergelubds möcht getadelt werden, so konnt aber dannoch daraus nicht erfolgen, daß man derselben Ehe zurreißen sollte. Dann Sankt Augustin sagt 26.

quaest. I, cap. Nuptiarum, daß man solche Ehe nicht zurreißen soll. Nun ist je Sankt Augustin nicht in geringem Ansehen in der christlichen Kirche, ob gleich etlich hernach anders gehalten.

Wiewohl nun Gottes Gebot von dem Ehestande ihr sehr viel vom Klostergelubd frei und ledig macht, so wenden doch die Unseren noch mehr Ursachen fur, daß Klostergelubd nichtig und unbündig sei. Dann aller Gottesdienst von den Menschen ohn Gottes Gebot und Befehl eingesetzt und erwählet, Gerechtigkeit und Gottes Gnade zu erlangen, ist wider Gott und Evangelio und Gottes Befehl entgegen; wie dann Christus selbs sagt Matth. 15: «Sie dienen mir vergeblich mit Menschengeboten.» So lehret's auch Sankt Paul überall, daß man Gerechtigkeit nicht soll suchen aus unsern Geboten und Gottesdiensten, so von Menschen erdicht seind, sonder daß Gerechtigkeit und Frombheit vor Gott kommt aus dem Glauben und Vertrauen, daß wir glauben, daß uns Gott um seines einigen Sohns Christus willen zu Gnaden nimbt.

Nun ist es je am Tage, daß die Monch gelehret und gepredigt haben, daß die erdachte Geistlichkeit gnugtun fur die Sunde und Gottes Gnad und Gerechtigkeit erlangen. Was ist nun das anders, dann die Herrlichkeit und Preis der Gnade Christi vermindern und die Gerechtigkeit des Glaubens verleugnen? Darum folget aus dem, daß solche gewohnliche Gelubd unrechte, falsche Gottesdienste gewesen. Derhalben seind sie auch unbundig. Denn ein gottlos Gelübd, und das wider Gottes Gebot geschehen, ist unbündig und nichtig; wie auch die Canones lehren, daß der Eid nicht soll ein Band zur Sunde sein.

Sankt Paul sagt zun Galatern am 5.: «Ihr seid ab von Christo, die ihr durch das Gesetz rechtfertig werden wellt, und habt der Gnaden gefehlet.» Derhalben auch die, so durch Gelubd wellen rechtfertig werden, seind von Christo ab und fehlen der Gnad Gottes. Dann dieselben rauben Christo seine Ehr, der allein gerecht macht, und geben solche Ehr ihren Gelubden und Klosterleben.

Man kann auch nicht leugnen, daß die Moniche gelehret und gepredigt haben, daß sie durch ihre Gelubd und Klosterwesen und Weise gerecht werden und Vergebung der Sunden verdienen; ja sie haben noch wohl ungeschickter und umgereumbter Ding erdicht und gesaget, daß sie ihre gute Werk den anderen mitteilten. Wann nun einer dies alles wollt unglimpflich treiben und aufmutzen, wie viel Stuck kunnt er zusammenbringen, der sich die Monich auch selbs schämen und nicht wellen getan haben! Uber das alles haben sie auch die Leute des uberredt, daß die erdichte geistliche Orden Ständ seind christlicher Vollkommenheit. Dies ist ja die Werk ruhmen, daß man dadurch gerecht werde. Nun ist es nicht ein geringe Ärgernus in der christlichen Kirchen, daß man dem Volke einen solchen Gottesdienst furträgt, den die Menschen ohn Gottes Gebot erdicht haben, und lehren, daß ein solcher Gottesdienst die Menschen vor Gott frombt und gerecht mache. Dann Gerechtigkeit des Glaubens, die man am meisten in der christlichen Kirchen treiben soll, wird verdunkelt, wann den Leuten die Augen aufgesperret werden mit dieser seltsamen Engelsgeistlichkeit und falschem Furgeben des Armuts, Demut und Keuschheit.

Ueber das werden auch die Gebot Gottes und der rechte und wahre Gottesdienst dadurch verdunkelt, wenn die Leute hören, daß allein die Mönche im Stand der Vollkommenheit sein sollen. Denn die christliche Vollkommenheit ist, daß man Gott von Herzen und mit Ernst fürchtet, und doch auch eine herzliche Zuversicht und Glauben, auch Vertrauen fasset, daß wir um Christus willen einen gnädigen barmherzigen Gott haben, daß wir mügen und sollen bitten und begehren, was uns not ist, und Hilfe von ihm in allen Trübsalen gewißlich nach eines jeden Beruf und Stand gewarten, daß wir auch indes sollen äußerlich mit Fleiß gute Werke tun und unsers Berufs warten. Darin stehet die rechte Vollkommenheit und der rechte Gottesdienst, nicht im betteln oder in einer schwarzen oder grauen Kappen.

Man liest auch der Exempel viel, daß etliche Weib und Kind, auch ihr Regiment verlassen und sich in Klöster gesteckt haben. Dasselbe, haben sie gesagt, heißt aus der Welt fliehen und ein solch Leben suchen, das Gott daß gefiel denn der anderen Leben. Sie haben auch nicht können wissen, daß man Gott dienen soll in den Geboten, die er gegeben hat, und nicht in den Geboten, die von Menschen erdichtet sind. Nu ist je das ein guter und vollkommener Stand des Lebens, welcher Gottes Gebot für sich hat; das aber ist ein gefährlicher Stand des Lebens, der Gottes Gebot nicht für sich hat. Von solchen Sachen ist vonnöten gewesen den Leuten guten Bericht zu tun.

Es hat auch Gerson in Vorzeiten den Irrtumb der Moniche von der Vollkommenheit gestraft und zeigt an, daß bei seinen Zeiten dieses eine neue Rede gewesen sei, daß das Klosterleben ein Stand der Vollkommenheit sein soll.

So viel gottloser Meinung und Irrtumb kleben in den Klostergelubden; daß sie sollen rechtfertigen und frumb vor Gott machen, daß sie die christlich Vollkommenheit sein sollen, daß man damit beide, des Evangeliums Räte und Gebot, halte, daß sie haben die Übermaßwerk, die man Gott nicht schuldig sei. Dieweil dann solchs alles falsch, eitel und erdicht ist, so macht es auch die Klostergelubd nichtig und unbundig.

Der XXVIII. Artikel: Von der Bischöfe Gewalt

Von der Bischofen Gewalt ist vorzeiten viel und mancherlei geschrieben und haben manche unschicklich den Gewalt der Bischöfe
und das weltliche Schwert untereinander gemengt, und sind aus
diesem unordentlichen Gemeng sehr große Kriege, Aufruhr und
Empörung erfolget, aus dem, daß die Bischöfe im Schein ihres Gewalts, der ihnen von Christo gegeben, nicht allein neue Gottesdienst
angericht haben und mit Fürbehaltung etlicher Fälle und mit ge-
waltsamen Bann die Gewissen beschwert, sondern sich auch unter-
wunden, Kaiser und Könige zu setzen und entsetzen ihres Gefallens; welchen Frevel auch lange Zeit hiervor gelehrte und gottfürch-
tige Leute in der Christenheit gestraft haben.

Derhalben die Unsern zu Trost der Gewissen gezwungen sind
worden die Unterschied des geistlichen und weltlichen Gewalts,
Schwerts und Regiments anzuzeigen, und haben gelehrt, daß man
beide Regiment und Gewalt um Gottes gebots willen mit aller Andacht ehren und wohl halten soll als zwo höchste Gaben Gottes auf
Erden.

Nu lehren die Unsern also, daß die Gewalt der Schlüssel oder der
Bischofen sei, laut des Evangelions, ein Gewalt und Befehlich Gottes
das Evangelium zu predigen, die Sünde zu vergeben und zu behalten, und die Sacrament zu reichen und zu handeln. Denn Christus
hat die Apostel mit dem Befehlich ausgesandt: Gleich wie mich
mein Vater gesandt hat, also sende ich euch auch. Nehmet hin den
heiligen Geist; welchen ihr die Sünd erlassen werdet, den sollen sie
erlassen sein, und denen ihr sie vorbehalten werdet, denen sollen
sie vorbehalten sein.

Denselben Gewalt der Schlüssel oder Bischofen übet und treibet
man allein mit der Lehre und Predigt Gottes Worts und mit Handreichung der Sacrament gegen vielen oder einzeln Personen, darnach der Beruf ist. Denn damit werden gegeben nicht leibliche,
sondern ewige Ding und Güter, als nämlich ewige Gerechtigkeit,
der heilige Geist und das ewige Leben. Diese Güter kann man anders nicht erlangen, denn durch das Amt der Predigt und durch die
Handreichung der heiligen Sacrament. Denn S. Paulus spricht: Das

Evangelium ist eine Kraft Gottes selig zu machen alle, die daran gläuben.

Dieweil nun die Gewalt der Kirchen oder Bischofen ewige Güter gibt, so hindert sie die Polizei und das weltliche Regiment nichts überall. Denn das weltliche Regiment gehet mit viel anderen Sachen um denn das Evangelium, welche Gewalt schützt nicht die Seelen, sondern Leib und Gut wider äußerlichen Gewalt mit dem Schwert und leiblichen Pönen.

Darum soll man die zwei Regiment, das geistliche und das weltliche, nicht ineinander mengen und werfen. Denn der geistlich Gewalt hat seinen Befehlich das Evangelium zu predigen und die Sacrament zu reichen, soll auch nicht in ein fremd Amt fallen, soll nicht Könige setzen und entsetzen, soll weltlich Gesetz und Gehorsam der Oberkeit nicht aufheben und zerrütten, soll weltlicher Gewalt nicht Gesetz machen und stellen von weltlichen Händeln, wie denn auch Christus selbst gesagt hat: Mein Reich ist nicht von dieser Welt. Item: Wer hat mich zu einem Richter zwischen euch gesetzt! und S. Paulus zum Philippern am 3: «Unser Bürgerschaft ist im Himmel.».; und in der andern zun Korinth. am 10.: «Die Waffen unserer Ritterschaft sind nicht fleischlich, sondern mächtig fur Gott, zu verstören die Anschläge und alle Hohe, die sich erhebt wider die Erkanntnus Gottes.»

Diesergestalt unterscheiden die Unsern beide Regiment und Gewalt- Amt, und heißen sie beide als die höchste Gabe Gottes auf Erden in Ehren halten.

Wo aber die Bischofe weltlich Regiment und Schwert haben, so haben sie dieselbe nicht als Bischofe aus göttlichen Rechten, sondern aus menschlichen kaiserlichen Rechten, geschenkt von Kaisern und Königen zu weltlicher Verwaltung ihrer Güter, und gehet das Amt des Evangeliums gar nichts an.

Derhalben ist das bischofliche Amt nach göttlichen Rechten: das Evangelium predigen, Sünd vergeben, Lehr urteilen, und die Lehr, so dem Evangelium entgegen, verwerfen, und die Gottlosen, dero gottlos Wesen offenbar ist, aus christlicher Gemeine ausschließen, ohn menschliche Gewalt, sondern allein durch Gottes Wort. Und diesfalls sind die Pfarrleute und Kirchen schuldig den Bischöfen gehorsam zu sein, laut dieses Spruchs Christi, Lukä am 10: «Wer euch höret, der höret mich.»

Wo sie aber etwas dem Evangelio entgegen lehren, setzen oder aufrichten, haben wir Gottes Befehlich in solchem Fall, daß wir nicht sollen gehorsam sein, Matth. am 7.: «Sehet euch fur den falschen Propheten.» Und Sankt Paul zun Galat. am 1.: «So auch wir oder ein Engel vom Himmel euch ein ander Evangelium predigen wurd, der sei verflucht»; und in der 2. Epistel zun Korinth am 13.: «Wir haben kein Macht wider die Wahrheit, sondern für die Wahrheit»; item: «Nach der Macht, welche mir der Herr zu bessern, und nicht zu verderben gegeben hat.» Also gebeut auch das geistlich Recht 2, q.7, im Kap. «Sacerdotes» und im Kap. «Oves». Und Sankt Augustin schreibt in der Epistel wider Petilianum, man soll auch den Bischofen, so ordentlich gewählet, nicht folgen, wo sie irren oder etwas wider die heilige gottliche Schrift lehren oder ordnen.

Daß aber die Bischofe sonst Gewalt und Gerichtszwang haben in etlichen Sachen, als nämlich Ehesachen oder Zehnten, dieselben haben sie aus Kraft menschlicher Rechte. Wo aber die Ordinarien nachläßig in solchem Amt, so sind die Fürsten schuldig, sie tuns auch gern oder ungern, hierin ihren Untertanen um Friedens willen Recht zu sprechen, zu Verhütung Unfrieden und großer Unruhe in Ländern.

Weiter disputiert man, ob auch Bischofe Macht haben, Ceremonien in der Kirchen aufzurichten, desgleichen Satzungen von Speis, Feiertagen, von unterschiedlichen Orden der Kirchendiener. Dann die den Bischofen diesen Gewalt geben, ziehen diesen Spruch Christi an, Johannes am 16.: «Ich habe euch noch viel zu sagen, ihr aber konnt es itzt nicht tragen; wenn aber der Geist der Wahrheit kummen wird, der wird euch in alle Wahrheit fuhren.» Darzu fuhren sie auch das Exempel Actuum am 15., da sie Blut und Ersticktes verboten haben. So zeucht man auch das an, daß der Sabbat in Sonntag verwandelt ist worden wider die zehen Gebot, darfur sie es achten, und wird kein Exempel so hoch getrieben und angezogen als die Verwandlung des Sabbats, und wellen damit erhalten, daß die Gewalt der Kirchen groß sei, dieweil sie mit den zehen Geboten dispensiert und etwas daran verändert hat.

Aber die unsern lehren in dieser Frag also, daß die Bischofe nicht Macht haben, etwas wider das Evangelium zu setzen und aufzurichten, wie denn obangezeigt ist und die geistlichen Rechte durch die ganze neunte Distinktion lehren. Nu ist dieses öffentlich wider Gottes Befehl und Wort, der Meinung Gesetze zu machen oder zu gebieten, daß man dadurch für die Sünde gnugtue und Gnad erlange. Denn es wird die Ehr des Verdienstes Christi verlästert, wenn wir uns mit solchen Satzungen unterwinden Gnad zu verdienen. Es ist auch am Tage, daß um dieser Meinung willen in der Christenheit menschliche Auffassung unzählig überhand genommen hat, und indes die Lehre vom Glauben und die Gerechtigkeit des Glaubens gar ist untergedruckt gewesen. Man hat täglich neue Feiertage, Heiligen eingesetzt, mit solchen Werken Gnad und alles Gute bei Gott zu verdienen. Item die menschliche Satzung aufrichten, tun und damit wider Gottes Gebot, daß sie Sünde setzen in der Speis, in Tagen und dergleichen Dingen, und beschweren also die Christenheit mit der Knechtschaft des Gesetzes, eben als müßte bei den Christen ein solcher Gottesdienst sein, Gottes Gnade zu verdienen, der gleich wäre dem levitischen Gottsdienst, welchen Gott sollt den Aposteln und Bischofen befohlen haben aufzurichten, wie dann etliche davon schreiben. Stehet auch wohl zu glauben, daß etliche Bischofe mit dem Exempel des Gesetzs Moysi sind betrogen worden. Daher so unzählig Satzungen kummen seind, daß eine Todsunde sein soll, wenn man an Feiertagen eine Handarbeit tut, auch ohn Ärgernus der anderen, daß ein Todsund sei, wenn man die Siebenzeit nachläßt, daß etliche Speise das Gewissen verunreinige, daß Fasten ein solch Werk sei, damit man Gott versuhne, daß die Sunde in einem furbehaltenen Fall werde nicht vergeben, man ersuche dann zuvor den Vorbehalter des Falls, unangesehen, daß die geistlichen Rechte nicht von Furbehaltung der Schuld, sondern von Furbehaltung der Kirchenpeen reden.

Woher haben denn die Bischofe Recht und Macht solch Aufsätze der Christenheit aufzulegen, die Gewissen zu verstricken? Dann Sankt Peter verbeut in Geschichten der Apostel am 15., das Joch auf der Jünger Hälse zu legen. Und Sankt Paul sagt zun Korinthern, daß ihnen der Gewalt, zu bessern und nicht zu verderben, gegeben sei. Warumb mehren sie dann die Sunde mit solchen Aufsätzen?

Doch hat man helle Sprüch der göttlichen Schrift, die da verbieten, solche Aufsätze aufzurichten, die Gnad Gottes damit zu verdienen, oder als sollten sie vonnöten zur Seligkeit sein. So sagt Sankt Paul zun Kolossern am 2.: «So laßt nun niemand euch Gewissen machen uber Speise oder Sabbaten, welches ist der Schatten von dem, der zukunftig wäre, aber der Korper selbs ist in Christo»; item: «So ihr dann nun gestorben seid mit Christo von den weltlichen Satzungen, was laßt ihr euch dann fangen mit Satzungen, als wäret ihr lebendig? Die da sagen: Du sollst das nicht anruhren, du sollst das nicht essen noch trinken, du sollst das nicht anlegen, welches sich doch alles unter Händen verzehret, und seind Menschen Gebot und Lehre und haben ein Schein der Weisheit.» Item Sankt Paul zum Tito am 1. verbeut offentlich, man soll nicht achten auf jüdische Fabeln und Menschengebot, welche die Wahrheit abwenden.

So redet auch Christus selbst, Matth. am 15., von denen, so die Leute auf Menschengebot treiben: «Laßt sie fahren, sie seind der Blinden Blindenleiter»; und verwirft solche Gottesdienst und sagt: «Alle Pflanzen, die mein himmlischer Vater nicht pflanzet hat, die werden ausgereut.»

So nun die Bischofen Macht haben, die Kirchen mit unzähligen Aufsätzen zu beschweren und die Gewissen zu verstricken, warumb verbeut dann die gottlich Schrift so oft, die menschliche Aufsätze zu machen und zu horen? Warumb nennet sie dieselben Teufelslehren? Sollt dann der heilig Geist solchs alles vergeblich verwarnet haben?

Derhalben dieweil solcher Ordnung als nötig aufgericht, damit Gott zu versühnen, und Gnad zu verdienen, dem Evangelio entgegen sind, so ziemt sich keineswegs den Bischofen solche Gottesdienst zu erzwingen. Denn man muß in der Christenheit die Lehre von der christlichen Freiheit behalten, als nämlich, daß die Knechtschaft des Gesetzes nicht nötig ist zur Rechtfertigung, wie dann Sankt Paul zun Galatern schreibt am 5.: «So bestehet nun in der Freiheit, damit uns Christus befreiet hat, und laßt euch nicht wiederumb in das knechtische Joch verknupfen.» Denn es muß je der fürnehmste Artikel des Evangeliums erhalten werden, daß wir die Gnade Gottes durch den Glauben an Christum ohn unser Verdienst erlangen, und nicht durch Dienst von Menschen eingesetzt, verdienen.

Was soll man denn halten vom Sonntag und dergleichen andern Kirchenordnung und Ceremonien? Dazu geben die Unsern diese Antwort, daß die Bischofe oder Pfarrherr mögen Ordnung machen, damit es ordentlich in der Kirchen zugehe, nicht damit Gottes Gnad zu erlangen, auch nicht damit fur die Sunde gnugzutun oder die Gewissen damit zu verbinden, solchs fur notige Gottsdienst zu halten und es dafur zu achten, daß sie Sunde täten, wenn sie ohn Ärgernus dieselben brechen. Also hat Sankt Paul zun Korinthern verordnet, daß die Weiber in der Versamblung ihre Haupt sollen decken; item, daß die Prediger in der Versamblung nicht zugleich alle reden, sonder ordentlich, einer nach dem andern.

Solche Ordnung gebührt der christlichen Versammlung um der Liebe und Friedens willen zu halten, und den Bischofen und Pfarrherrn in diesen Fällen gehorsam zu sein, und dieselben sofern zu halten, daß einer den anderen nicht ärgere, damit in der Kirchen keine Unordnung oder wüstes Wesen sei; doch also, daß die Gewissen nicht beschwert werden, daß man's fur solche Ding halte, die not sein sollten zur Seligkeit, und es dafur achten, daß sie Sunde täten, wenn sie dieselben ohn der anderen Ärgernus brechen; wie dann niemands sagt, daß das Weib Sund tue, die mit bloßem Haupt ohn Ärgernus der Leute ausgeht.

Also ist die Ordnung vom Sonntag, von der Osterfeier, von den Pfingsten und dergleichen Feier und Weise. Denn die es dafür achten, daß die Ordnung vom Sonntag für den Sabbath als nötig aufgerichtet sei, die irren sehr. Denn die heilige Schrift hat den Sabbath abgetan und lehret, daß alle Ceremonien des alten Gesetzes nach Eröffnung des Evangelions mögen nachgelassen werden und dennoch, weil vonnöten gewesen ist einen gewissen Tag zu verordnun, auf daß das Volk wüßte, wann es zusammen kommen sollte, hat die christliche Kirche den Sonntag dazu verordnet und zu dieser Veränderung desto mehr Gefallens und Willens gehabt, damit die Leut ein Exempel hätten der christlichen Freiheit, daß man wüßte, daß weder die Haltung des Sabbaths noch eines anderen Tags vonnöten sei.

Es sind viel unrichtige Disputation von der Verwandlung des Gesetzes, von den Ceremonien des neuen Testaments, von der Veränderung des Sabbaths, welche alle entsprungen sind aus falscher und irriger Meinung, als müßte man in der Christenheit einen solchen Gottesdienst haben, der dem levitischen oder jüdischen gemäß wäre, und als sollt Christus den Aposteln und Bischofen befohlen haben neue Ceremonien zu erdenken, die zur Seligkeit nötig wären. Dieselben Irrtum haben sich in die Christenheit eingeflochten, da man die Gerechtigkeit des Glaubens nicht lauter und rein gelehret und gepredigt hat. Etliche disputieren also vom Sonntage, daß man ihn halten müsse, wiewohl nicht aus gottlichen Rechten, dennoch schie als viel als aus göttlichen Rechten; stellen Form und Maß, wiefern man am Feiertag arbeiten moge. Was seind aber solche Disputationes anders denn Fallstricke des Gewissens? Dann wiewohl sie sich unterstehen, menschliche Aufsätze zu lindern und epikeizieren, so kann man doch keine epikeia oder Linderung treffen, solange die Meinung stehet und bleibet, als sollten sie vonnoten sein. Nun muß dieselb Meinung bleiben, wenn man nichts weiß von der Gerechtigkeit des Glaubens und von der christlichen Freiheit.

Die Apostel haben geheißen, man soll sich enthalten des Blutes und Erstickten. Wer hält's aber itzo? Aber dennoch tun die kein Sund, die es nicht halten; dann die Apostel haben auch selbst die Gewissen nicht wellen beschweren mit solcher Knechtschaft, sondern haben's umb Ärgernus willen ein Zeitlang verboten. Dann man muß Achtung haben in dieser Satzung auf das Hauptstuck christlicer Lehre, das durch dieses Dekret nicht aufgehoben wird.

Man hält schier kein alte Canones, wie sie lauten; es fallen auch derselben Satzungen täglich viel weg, auch bei denen, die solche Aufsätze allerfleißigst halten. Da kann man den Gewissen nicht raten noch helfen, wo diese Linderung nicht gehalten wird, daß wir wissen, solche Aufsätze, also zu halten, daß man's nicht dafur achte, daß sie notig sein, daß auch den Gewissen unschädlich sei, obgleich solche Aufsätze fallen.

Es wurden aber die Bischof leichlich den Gehorsam erhalten, wo sie nicht darauf drungen, diejenigen Satzungen zu halten, so doch ohn Sund nicht mogen gehalten werden. Itzo aber tun sie ein Ding und verbieten beide Gestalten des heiligen Sakraments, item den

Geistlichen den Ehestand, nehmen niemands auf, er tu dann zuvor ein Eid, er welle diese Lehr, so doch ohn Zweifel dem heiligen Evangelio gemäß ist, nicht predigen.

Unsere Kirchen begehren nicht, daß die Bischofen mit Nachteil ihrer Ehre und Würden wiederumb Fried und Einigkeit machen, wiewohl solches den Bischofen in der Not auch zu tun gebuhrt; allein bitten sie darum, daß die Bischofen etlich unbillige Beschwerung nachlassen, die doch vorzeiten auch in der Kirchen nicht gewesen und angenommen sein wider den Gebrauch derchristlichen gemeinen Kirchen; welche vielleicht im Anheben etlich Ursach gehabt, aber sie reimen sich nicht zu unsern Zeiten. So ist's auch unleugbar, daß etlich Satzungen aus Unverstand angenommen seind. Darum sollten die Bischofe der Gutigkeit sein, dieselbigen Satzungen zu miltern, sintemal eine solche Änderung nichts schadet, die Einigkeit christlicher Kirchen zu erhalten. Denn viel Satzung, von Menschen aufkommen, seind mit der Zeit selbst gefallen und nicht notig zu halten, wie die bäpstlichen Rechtselbs zeugen. Kann's aber je nicht sein, er auch bei ihnen nicht zu erhalten, daß man solche menschliche Satzung mäßige und abtu, welche man ohn Sund nicht kann halten, so mussen wir der Apostel Regel folgen, die uns gebeut, wir sollen Gott mehr gehorsam sein denn den Menschen.

Sankt Peter verbeut den Bischofen die Herrschaft, als hätten sie Gewalt, die Kirchen, worzu sie wollten, zu zwingen. Jetzt gehet man nicht damit umb, wie man den Bischofen ihr Gewalt nehme, sondern man bittet und begehrt, sie wollten die Gewissen nicht zu Sunden zwingen. Wenn sie aber solches nicht tun werden und diese Bitte verachten, so mogen sie gedenken, wie sie deshalben Gott werden Antwort geben müssen, dieweil sie mit solcher ihrer Härtigkeit Ursach geben zu Spraltung und Schisma, das sie doch billig sollen verhuten helfen.

Beschluß

Dies seind die furnehmsten Artikel, die fur streitig geachtet werden. Dann wiewohl man viel mehr Mißbräuche und Unrichtigkeit hätt anziehen konnen, so haben wir doch, die Weitläufigkeit und Länge zu verhuten, allein die furnehmsten vermeldet, daraus die anderen leichtlich zu ermessen. Dann man hat in Vorzeiten sehr geklagt uber den Ablaß, uber Wallfahrten, uber Mißbrauch des Banns. Es hatten auch die Pfarrer unendliche Gezänke mit den Monichen von wegen des Beichthorens, des Begräbnis, der Beipredigten und unzähliger anderer Stuck mehr. Solchs alles haben wir im Besten und umb Glimpfs willen ubergangen, damit man die furnehmbsten Stucke in dieser Sachen dester daß vermerken mocht. Darfur soll es auch nicht gehalten werden, daß in dem jemands ichtes zu Haß wider oder Unglimpf geredet oder angezogen sei, sonder wir haben allein die Stuck erzählt, die wir für notig anzuziehen und zu vermelden geacht haben, damit man daraus dester daß zu vernehmen habe, daß bei uns nichts, weder mit Lehre noch mit Ceremonien, angenommen ist, das entweder der heiligen Schrift oder gemeiner christlichen Kirchen zuentgegen wäre. Dann es ist je am Tage und offensichtlich, daß wir mit allem Fleiß, mit Gottes Hilf (ohne Ruhm zu reden) verhutt haben, damit je kein neue und gottlose Lehre sich in unseren Kirchen einflöchte, einreihe und uberhand nähme.

Die abgemeldten Artikel haben wir dem Ausschreiben nach ubergeben wollen, zu einer Anzeigung unser Bekenntnus und der Unsern Lehre. und ob jemands befinden wurde, der daran Mangel hätt, dem ist man ferneren Bericht mit Grund gottlicher heiliger Geschrift zu tun urpietig.

Über tredition

Eigenes Buch veröffentlichen

tredition wurde 2006 in Hamburg gegründet und hat seither mehrere tausend Buchtitel veröffentlicht. Autoren veröffentlichen in wenigen leichten Schritten gedruckte Bücher, e-Books und audio-Books. tredition hat das Ziel, die beste und fairste Veröffentlichungsmöglichkeit für Autoren zu bieten.

tredition wurde mit der Erkenntnis gegründet, dass nur etwa jedes 200. bei Verlagen eingereichte Manuskript veröffentlicht wird. Dabei hat jedes Buch seinen Markt, also seine Leser. tredition sorgt dafür, dass für jedes Buch die Leserschaft auch erreicht wird.

Im einzigartigen Literatur-Netzwerk von tredition bieten zahlreiche Literatur-Partner (das sind Lektoren, Übersetzer, Hörbuchsprecher und Illustratoren) ihre Dienstleistung an, um Manuskripte zu verbessern oder die Vielfalt zu erhöhen. Autoren vereinbaren direkt mit den Literatur-Partnern die Konditionen ihrer Zusammenarbeit und partizipieren gemeinsam am Erfolg des Buches.

Das gesamte Verlagsprogramm von tredition ist bei allen stationären Buchhandlungen und Online-Buchhändlern wie z. B. Amazon erhältlich. e-Books stehen bei den führenden Online-Portalen (z. B. iBookstore von Apple oder Kindle von Amazon) zum Verkauf.

Einfach leicht ein Buch veröffentlichen: **www.tredition.de**

Eigene Buchreihe oder eigenen Verlag gründen

Seit 2009 bietet tredition sein Verlagskonzept auch als sogenanntes "White-Label" an. Das bedeutet, dass andere Unternehmen, Institutionen und Personen risikofrei und unkompliziert selbst zum Herausgeber von Büchern und Buchreihen unter eigener Marke werden können. tredition übernimmt dabei das komplette Herstellungs- und Distributionsrisiko.

Zahlreiche Zeitschriften-, Zeitungs- und Buchverlage, Universitäten, Forschungseinrichtungen u.v.m. nutzen diese Dienstleistung von tredition, um unter eigener Marke ohne Risiko Bücher zu verlegen.

Alle Informationen im Internet: **www.tredition.de/fuer-verlage**

tredition wurde mit mehreren Innovationspreisen ausgezeichnet, u. a. mit dem Webfuture Award und dem Innovationspreis der Buch Digitale.

tredition ist Mitglied im Börsenverein des Deutschen Buchhandels.

Dieses Werk elektronisch lesen

Dieses Werk ist Teil der Gutenberg-DE Edition DVD. Diese enthält das komplette Archiv des Projekt Gutenberg-DE. Die DVD ist im Internet erhältlich auf **http://gutenbergshop.abc.de**

Zeitfracht Medien GmbH
Ferdinand-Jühlke-Straße 7
99095 Erfurt, Deutschland
produktsicherheit@kolibri360.de